Im Wald

mit Illustrationen von Pierre de Hugo
ausgedacht von Gallimard Jeunesse
übersetzt von Kristina Petersen

Meyers Lexikonverlag

In den weiten Wäldern Europas leben viele wilde Tiere. Einigen von ihnen kannst du bei einem Waldspaziergang begegnen, andere sind selten geworden.

Manche Waldtiere haben ihr Zuhause unter der Erde. Sie leben in unterirdischen Gängen und Höhlen oder verkriechen sich im Laub.

Auf dem Waldboden, am Fuße des Baumstamms, leben zahlreiche Arten kleiner Tiere.

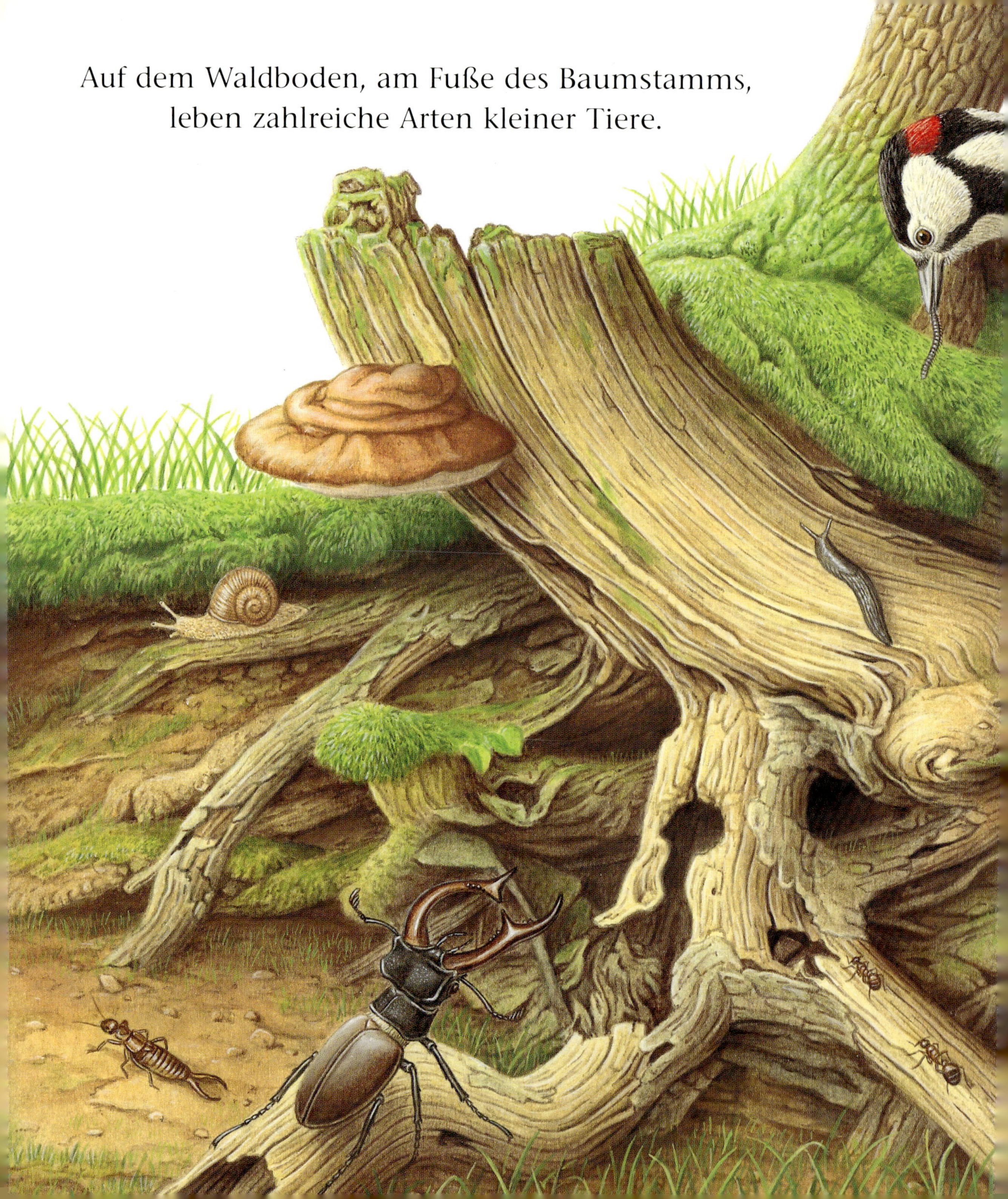

Der Stamm des Baumes bietet vielen Tieren Zuflucht. Besonders Vögel finden hier Schutz vor ihren Feinden.

In der Baumkrone leben
zahlreiche Raubvögel.
Einige kleinere Vögel finden Schutz
in ihrer Gesellschaft.

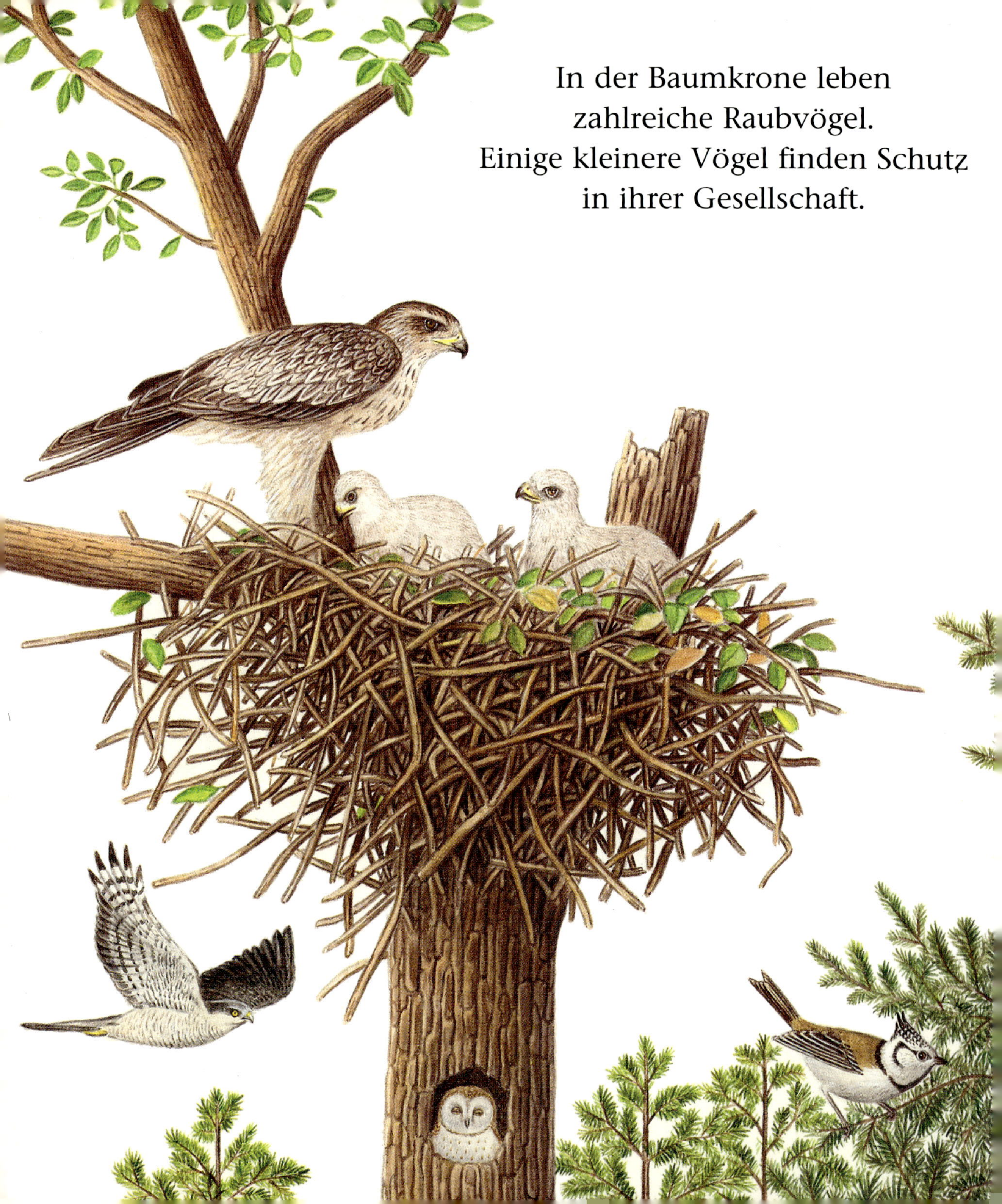

Im Hochgebirge wachsen nur noch vereinzelt Bäume. Die Tiere, die hier leben, sind an den Wind und die Kälte gewöhnt.

Manche Tiere sind vor allem bei Dunkelheit im Wald unterwegs. Sie warten, bis die Nacht anbricht, und kriechen dann aus ihren Unterschlüpfen.

Der Regenwald bietet ein sicheres Versteck für eine Vielzahl von sonderbaren und bunten Tieren.

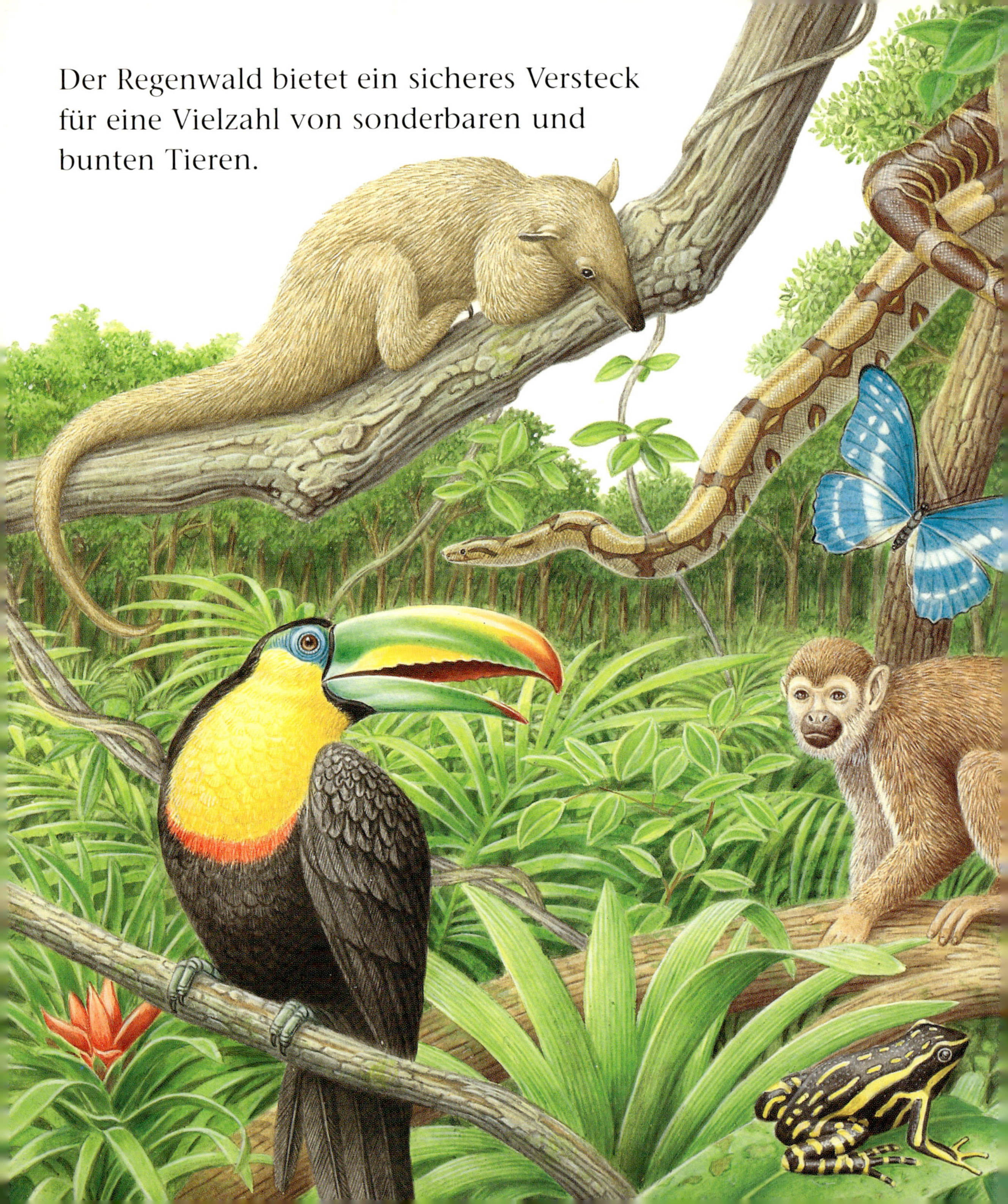

die Eiche

die Eichel

die Zeder

der Zedernzapfen

die Rotbuche

die Buchecker

die Birke

das Kätzchen

die Pappel

das Kätzchen

die Edelkastanie

die Esskastanie

die Kiefer

der Kiefernzapfen

die Tanne

der Tannenzapfen

Kennst du diese Bäume, ihre Blüten und Früchte?

der Nussbaum

die Walnuss

der Ahorn

die Flügelfrucht des Ahorns

Alle diese Tiere und Pflanzen hast du in deinem Buch gesehen.